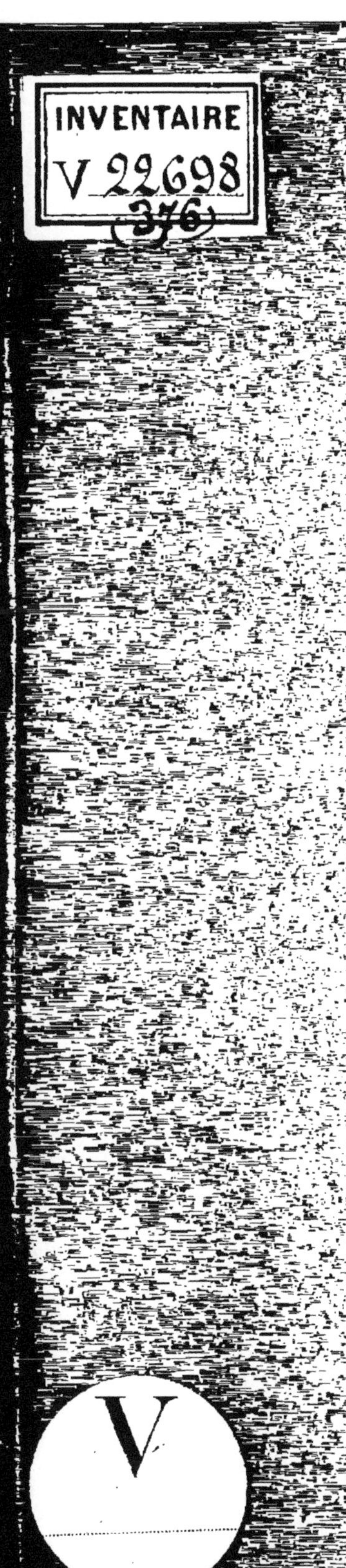

PUBLICATION DE LA RÉUNION DES OFFICIERS

SYSTÈME DE RECRUTEMENT

DE

SOUS-OFFICIERS D'INFANTERIE

APPLIQUÉ

A LA LOI SUR LE SERVICE MILITAIRE

DE 3 ANS

PAR

E. KOSZARSKI

Lieutenant au 93e régiment d'infanterie

———— ✳ ————

PARIS

LIBRAIRIE MILITAIRE DE EDMOND DUBOIS

LIBRAIRE-ÉDITEUR

18, Rue des Grands-Augustins, 18

1885

SYSTÈME DE RECRUTEMENT

DE

SOUS-OFFICIERS D'INFANTERIE

APPLIQUÉ

A LA LOI SUR LE SERVICE MILITAIRE

DE 3 ANS

PÉRONNE — IMPRIMERIE LUD. CRÉTY

24, GRANDE PLACE. 24

PUBLICATION DE LA RÉUNION DES OFFICIERS

SYSTÈME DE RECRUTEMENT

DE

SOUS-OFFICIERS D'INFANTERIE

APPLIQUÉ

A LA LOI SUR LE SERVICE MILITAIRE

DE 3 ANS

PAR

E. KOSZARSKI

Lieutenant au 93e régiment d'infanterie

PARIS

LIBRAIRIE MILITAIRE DE EDMOND DUBOIS

LIBRAIRE-ÉDITEUR

18, Rue des Grands-Augustins, 18

1885

Tous droits réservés.

SYSTÈME DE RECRUTEMENT

DE

SOUS-OFFICIERS D'INFANTERIE

APPLIQUÉ

A LA LOI SUR LE SERVICE MILITAIRE

DE 3 ANS

I

Nombre approximatif de sous-officiers d'infanterie.

Le cadre des sous-officiers d'une compagnie en état de paix se compose d'un adjudant, d'un sergent-major, d'un fourrier et de quatre sergents ; en tout sept sous-officiers.

Un régiment d'infanterie contient dix-huit compagnies et un bataillon formant corps cinq compagnies, plus les sections dites hors rang.

En admettant 130 sous-officiers par régiment et 40 par bataillon formant corps, nous trouverons environ 21,000 sous-officiers qui restent sous les drapeaux en temps de paix.

Ce chiffre rond comprend :

    3,000 adjudants,
    6,000 sergents-majors et fourriers,
    12,000 sergents.

Esprit des prescriptions réglementaires sur le devoir des sous-officiers.

Le service des sous-officiers varie selon le grade.

Avant de faire des propositions relatives au recrutement des sous-officiers qui est le but de ce travail, il nous semble utile de citer quelques articles du Règlement sur le service intérieur, en abrégeant leur rédaction, et en précisant les idées qu'elles contiennent, afin de faire ressortir tout d'abord l'esprit des devoirs qui incombent aux trois grades ci-dessus précités. Ceci nous permettra de faire constater la présence d'une nuance dans le mot d'ensemble : *les sous-officiers ;* et de simplifier, peut-être, les difficultés du problème qui n'a pas encore la solution désirable.

Voici l'article 128 :

« L'adjudant de compagnie exerce une surveillance directe et constante sur tous les sous-officiers, les caporaux et les soldats de la compagnie ; il s'applique à connaître la conduite, le caractère et les aptitudes de chacun ; il éclaire l'opinion des officiers.

« Il commande le service. A l'exception de la comptabilité du tir, l'adjudant ne s'occupe pas de la comptabilité de la compagnie. Il est employé par le capitaine, sous la direction des officiers de peloton, à tous les détails du service et de l'instruction et notamment des retardataires.

« L'adjudant est l'auxiliaire immédiat et constant de l'officier de semaine, et comme tel il assure l'accomplissement des devoirs du sergent et du caporal de semaine. Enfin, l'adjudant supplée l'officier de peloton seul pour le service de semaine. »

Les fonctions du sergent-major et du fourrier sont déterminées par les articles 135 et 163 :

« Le sergent-major est l'agent du capitaine pour tout ce qui concerne l'administration et la comptabilité. Il est responsable de la tenue des registres et du matériel de la compagnie. Il est chargé de l'instruction primaire, sous la direction des chefs de peloton. Il communique les décisions et les ordres du colonel.

« Appelé exceptionnellement à suppléer à l'adjudant de compagnie, absent ou empêché, le sergent-major s'applique comme lui à connaître la conduite et les aptitudes des sous-officiers, caporaux et soldats de la compagnie. »

Enfin, conformément à l'article 146, « le sergent dirige une section en état de paix et une demi-section en état de guerre. Il commande aux caporaux et aux soldats en tout ce qui est relatif au service, à la police, à la discipline et à l'instruction ; il surveille la conduite privée des caporaux et des soldats sous ses ordres.

« Les sergents sont responsables envers le sergent-major, l'adjudant et les officiers de compagnie, de l'exécution des ordres et de la police.

« Ils alternent dans chaque compagnie pour le service de semaine ; ils roulent entre eux dans le régiment pour le service individuel.

« Le sergent de section dirige dans sa section, sous l'autorité de l'officier de peloton et la surveillance de l'adjudant, les détails de l'éducation et de l'instruction des caporaux et des soldats ; il surveille la tenue des chambres, la conservation et la propreté des armes et effets de toute nature. »

On voit, d'après l'ensemble de ces dispositions réglementaires que :

L'adjudant est un sous-officier directeur ;

Le sergent-major et le fourrier sont des sous-officiers comptables.

Les sergents, enfin, sont des sous-officiers exécuteurs sous la direction des officiers et de l'adjudant, et comme tels jouent un rôle secondaire.

Développement des prescriptions réglementaires sur les devoirs de l'adjudant.

L'adjudant, en sa qualité de sous-officier directeur devient l'âme de la compagnie, dont le capitaine et les officiers sont les inspirateurs. L'assurance de l'exécution des ordres donnés, le maintien de la discipline, l'entretien de l'armement et des effets appartenant à l'Etat et confiés aux hommes, la formation de la compagnie et des classes d'instruction de recrue et enfin la conservation des usages et des traditions militaires qui forment la base fondamentale de l'esprit du corps, font partie de ses occupations et de ses devoirs les plus usuels. Les sergents et les caporaux sont ses agents. Il leur donne l'ordre après avoir reçu celui du capitaine ; il veille à l'exécution de cet ordre et en cas de nécessité il inflige des punitions.

Par conséquent, les fonctions de ces sous-officiers ont une certaine importance.

Le règlement qui vient d'être cité impose à l'adjudant les trois qualités suivantes :

L'adjudant doit être doué d'un esprit stable, prudent et observateur, afin de donner un bon exemple à ses subordonnés ; étudier leur caractère, leur aptitude ; aprécier le degré de leur valeur et éclairer l'opinion des officiers. Etant lié plus intimement avec la troupe par suite de sa présence continuelle à la caserne, il a plus de moyens d'observation.

À ce titre l'appréciation qu'il est appelé à présenter doit être toujours très écoutée. D'ailleurs, en pratique, l'adjudant règle presque toujours l'opinion des officiers nouvellement arrivés à la compagnie et donne l'initiative à leur jugement personnel sur les hommes qu'ils ne connaissent pas. Si les fonctions de l'adjudant sont confiées à un individu léger, qui ne sait pas retenir, grouper et comparer les nuances d'esprit dévoilées par ses inférieurs, surtout au moment des circonstances imprévues, s'il les juge à l'œil ou, enfin, s'il reste, au mépris de son grade, dans les relations familières avec les hommes, son avis sera faux, imparfait ou intéressé. Donc, la première qualité que l'on doit exiger de l'adjudant est la dignité du caractère et le jugement.

L'adjudant doit être un bon instructeur, car non-seulement il a la classe des recrues retardataires sous sa direction, mais il est aussi employé par le capitaine à tous les détails de l'instruction. Nous entendons par ces détails de l'instruction une bonne direction pratique sur le terrain d'exercice, une voix de commandement énergique, inspirant l'autorité, une connaissance parfaite de la théorie, et enfin une expression facile, sachant rectifier en peu de mots les fautes et éveiller l'attention du soldat sur le sujet aride d'exécution d'une opération ou d'un mouvement. L'adjudant forme habituellement la compagnie rassemblée pour les classes d'instruction des recrues. Sur le terrain, il les surveille aussi bien que les officiers. Quand une classe est instruite imparfaitement, c'est à l'adjudant que doit appartenir l'obligation de mettre le sabre au fourreau, de prendre le fusil et de montrer un mouvement mal exécuté. A ce titre, il doit connaître complètement la partie mécanique de l'enseignement, c'est-à-dire qu'avant sa nomination au grade supérieur, il aurait dû passer surtout par le grade de sergent et instruire personnellement assez longtemps les classes d'instruction. Dans cette importante partie du service, ce sous-officier doit

1.

servir d'exemple à tous les autres gradés. Les sergents, les caporaux et les soldats instructeurs, s'il y en a, doivent imiter sa voix de commandement, sa manière d'expliquer la théorie, son cachet tout particulier et intime que l'on reconnaît seulement au moment où on est au régiment, où on est instructeur soi-même. Telle était la qualité des anciens sous-officiers à trois *brisques,* dont la trace même a disparu de l'armée. L'auteur de cet article a connu personnellement un adjudant du bataillon de ce genre, qui, malgré un défaut grave d'intempérance (il n'y a pas d'hommes sans défauts), lui a toujours inspiré une admiration comme instructeur. Cet adjudant a créé au régiment, sans le savoir, une toute petite école à lui, des sous-officiers instructeurs.

Enfin, l'adjudant de compagnie doit être un serviteur, puisqu'il est toujours de service soit comme l'auxiliaire immédiat et constant de l'officier de semaine, soit comme son suppléant quand il n'y a qu'un seul officier de peloton à la compagnie.

Pour être serviteur, il faut être zélé, voyant tout, s'occupant de tout, allant partout ; il faut inspirer l'autorité et même la crainte. L'adjudant doit, par conséquent, posséder un caractère ferme, très énergique et être sévère, c'est-à-dire agir sur ses inférieurs aussi bien par sa parole que par les punitions justes et bien méritées.

Recrutement d'Adjudants.

Telles sont les prescriptions du règlement en vigueur. Les qualités indiquées précédemment ne peuvent être acquises qu'au moment où l'esprit de l'individu, susceptible d'être appelé à remplir les fonctions de sous-officier directeur, est formé complètement. c'est-à-dire au moment où il possède la pratique et même un peu de routine du métier, à la suite de quelques années du service.

Nous estimons donc que les fonctions d'adjudant doivent être confiées exclusivement aux sergents rengagés, sergents ayant une aptitude tout à fait spéciale, auxquels nous voudrions bien donner des avantages sérieux pour les retenir à tout prix sous les drapeaux comme sous-officiers réellement utiles.

Ces sous-officiers doivent être l'objet de choix très attentifs. Quand on les accepte, aucun sentiment de protection ni de favoritisme ne doit guider la conscience de la commission de rengagement ; de son choix dépendra incontestablement la constitution de bons cadres de l'armée. Les membres de cette commission doivent avoir présents à l'esprit, avant tout, les besoins du service et refuser impitoyablement toute demande de rengagement faite par un sujet médiocre, ayant peu de qualité militaires, quelle que soit sa conduite, son instruction ou les lettres de recommandation qu'il a pu produire.

Mais si nous sommes partisans d'augmenter les avantages accordés aux sous-officiers de mérite, *il nous semble également indispensable de proposer la réduction du nombre des rengagés.* Avec les modifications introduites dans la tactique moderne, il n'est pas nécessaire de chercher à retenir sous les drapeaux tous les sous-officiers sans distinction dans le but de constituer un corps de vétérans de l'ancien temps. Cela pourrait devenir trop onéreux pour le Trésor et à la fois fort peu utile pour l'armée.

Rôle des troupes bien disciplinées.

L'armée d'aujourd'hui n'a aucune analogie avec

celle qui a existé il y a 100, 50 et même 20 ans. Le perfectionnement de l'armement est la cause principale du changement qui s'est opéré. En effet, la possibilité d'envoyer une balle à 3 kilomètres à son adversaire au moment du combat et de lui tuer son monde avant qu'il puisse s'approcher, rend toute action de masse, action à rangs serrés, formellement impossible.

Cette réflexion est seule capable de démontrer le rôle secondaire que joue dans la lutte une troupe très disciplinée et encadrée dans les rangs de vieux sous-officiers d'un courage et d'une bravoure irréprochables.

Les troupes devant combattre en ordre dispersé et l'action individuelle du soldat étant substituée à celle de masse, le service des sous-officiers proprement dits a subi également quelques modifications. Au lieu de donner un bon exemple en bravant le danger, comme cela se faisait autrefois, au lieu d'entraîner le soldat à la mort, ils doivent chercher peut-être à le soustraire à cette éventualité par une direction prudente et par l'application des principes tactiques sagement réfléchis. Aujourd'hui un bon sous-officier peut devenir utile surtout dans le service d'exploration comme chef de patrouille, aux avant-postes comme chef des petits postes et au combat comme commandant le feu d'une demi-section. Dans tous ces cas, la discipline rigoureuse et la bravoure sont remplacées par les mots : intelligence naturelle, initiative, instruction militaire.

Si les Allemands ont conservé l'ancien régime de Frédéric II dans leur armée et s'ils possèdent un corps de vieux sous-officiers, cela les regarde. Personnellement nous ne blâmons pas cette mesure, mais nous ne sommes pas non plus d'avis que leur système, spécialement national, soit admis partout.

De l'autre part, il nous est difficile de croire à la réalisation d'une pensée poétique de M. de Goltz, éminent écrivain militaire allemand, qui prétend qu'« un « nouvel Alexandre apparaîtra pour disperser, avec « les troupes bien disciplinées, les bandes désor« données des nations armées de l'Europe ». Un simple souvenir de l'histoire de la bataille de Saint-Privat, où la 1re division de la garde royale prussienne, composée de troupes certainement aussi bien disciplinées que les phalanges macédoniennes et comptant trop sur l'importance de sa force de fer, a laissé, au bout de quelques minutes, 2,000 cadavres et 4,000 blessés sur le terrain de combat, en attaquant le village en masse, nous oblige de décliner une argumentation de cette nature, argumentation plutôt littéraire que militaire.

Réduction du nombre des rengagés.

Ne voulant, toutefois, rien exagérer dans nos idées, nous sommes loin de contester que les vieux sous-officiers, bons instructeurs, braves, intelligents et instruits militairement, ne soient pas nécessaires dans l'armée. Nous estimons seulement que leur nombre peut être fortement réduit, et que le titre de rengagé doit appartenir de préférence aux sous-officiers directeurs, puisque le règlement français a créé cette fonction spéciale. Dans les autres armées cette fonction n'existe pas.

En admettant cette réduction, on est forcément amené à remplacer l'expression qui est à l'ordre du jour de : *constituer un corps de vieux sous-officiers,* par celle de : *constituer un corps de vieux adjudants.*

Nous proposons donc de *limiter le nombre de sous-officiers rengagés à un par compagnie, soit*

18 à 20 par régiment, soit enfin 3 à 4,000 pour l'arme entière de l'infanterie.

Causes qui entravent la constitution de bons cadres de l'armée.

Parmi les causes qui entravent le recrutement d'un cadre de vieux sous-officiers, il faut citer d'abord la durée de rengagement et l'insuffisance de ressources pécuniaires pouvant donner une stabilité à la position de ces fonctionnaires ou d'élever leur situation au-dessus des classes tout à fait inférieures de la société.

La durée de rengagement est de cinq ans. Or, cette durée pouvait être suffisante il y a quelques années, au moment du service de sept ans ; mais aujourd'hui, lorsque tout le monde est soldat, elle nous semble être trop forte. En outre, il ne faut pas perdre de vue que le métier mililaire est très désagréable dans les grades inférieurs, à cause des réprimandes et des punitions qu'on leur inflige pour des fautes insignifiantes et qu'il est impossible d'éviter ; à cause du droit de sortie très limité et, enfin, à cause des exercices et des revues qui, généralement, sont très fatigants. Toutes ces répressions sont inévitables et impossibles à supprimer, car, si l'on voulait les supprimer, il faudrait anéantir en même temps la discipline de l'armée ; et cependant elles ont le grave inconvénient de décourager un sujet jeune et inexpérimenté.

Un sergent retenu plusieurs années au service, a besoin de quelque liberté pour voir sa famille, pour se reposer. Quand le moment de sa libération approche, il se fait un peu d'illusion et exagère les avantages qu'il peut trouver dans sa carrière future. Ce n'est qu'à son retour au village qu'il s'aperçoit.

au bout de quelques semaines, qu'il faut travailler partout, et que les difficultés de vivre sont aussi grandes dans la vie civile que dans la vie militaire. À ce moment, il regrette souvent d'avoir quitté le régiment, mais ne pouvant y retourner et étant entraîné dans sa nouvelle situation, il y reste et s'y habitue malgré tout.

En somme, le départ de la classe est un moment peu propice au rengagement des sous-officiers libérés, surtout quand il faut faire abandonner à ces sous-officiers les projets déjà faits, et quand ils savent que la loi leur impose *l'obligation de s'enchaîner de nouveau pour une période de cinq ans au moins.*

Quant aux ressources pécuniaires, tout le monde sait que les fonctionnaires de l'armée, quel que soit leur grade et leur situation, sont mal rétribués. Un sergent d'infanterie, non rengagé, nourri à la cantine souvent insuffisamment, et prenant de l'eau à ses repas, touche environ 12 francs par mois, qu'on lui remet en six prêts de cinq jours à raison de 2 francs par prêt ; tandis qu'en quittant le service militaire et se mettant au service d'un particulier comme valet de chambre, par exemple, il recevra 50 francs par mois et aura la faculté de se retirer quand il voudra.

Moyens d'y remédier.

Pour remédier à ces différents inconvénients, dont la difficulté n'est ignorée de personne à cause des charges de l'État et des effectifs considérables de l'armée, nous essayerons de faire, sous réserve bien entendu, les propositions suivantes :

1° *Accorder un congé d'un à trois mois à tout sous-officier accepté par le conseil de rengagement, qui désire rester au service; ou accorder aux sous-officiers libérés la faculté de faire leur demande de reprendre du service dans un délai de six mois après le départ de la classe; ([1])*

2° Nommer immédiatement au grade d'adjudant le sous-officier accepté par le conseil de rengagement et rengagé avant ou après le départ de la classe;

3° Établir un engagement d'un an seulement sans prime et à titre d'essai, et, plus tard, lorsque le sous-officier est reconnu comme pouvant rendre un service réel, le rengager à titre de commissionné par périodes de 3 ou 6 mois;

4° Supprimer complètement la prime de rengagement et établir un bon traitement mensuel;

5° A l'exemple des adjoints du génie, former des adjudants un corps tout à fait à part, ayant pour spécialité l'instruction militaire de la troupe et le maintien de la discipline; exiger qu'ils renoncent à l'avancement de grade supérieur, mais établir plusieurs classes d'appointement pour avoir le moyen de les récompenser pour leurs services ou au titre d'ancienneté.

Le rengagement à titre de commissionné semble être utile uniquement pour satisfaire aux besoins de la discipline, autrement cette formalité pourrait même être supprimée. Nous avons des maîtres ouvriers, des musiciens et autres employés militaires, qui restent dans le service jusqu'à vingt-cinq ans comme commissionnés. Le résultat serait le même avec les sous-officiers si l'on voulait leur donner les mêmes prérogatives. C'est l'obligation de signer un

---

([1]) Cette dernière prescription est en vigueur mais elle est mal interprétée dans les corps.

contrat pour cinq ans qui les fait tous sortir de l'armée.

Enfin, nous condamnons la prime de rengagement, car ce procédé nous semble être trop primitif, et, comme tel, insuffisant pour les idées admises aujourd'hui. Avant la guerre de 1870, la loi du service obligatoire, n'étant pas en application, on a toléré le système de remplacement, système de favoritisme. C'était un moyen un peu mercenaire, mais il était à la mode, et il a réussi. Aujourd'hui, l'époque a changé, et en même temps les moyens matériels de la vie étant plus coûteux, la valeur nominative de l'argent s'est abaissée considérablement. C'est pour ce motif que non seulement le système de prime de rengagement devient un procédé arriéré, mais encore que la somme de 2,000 francs que l'on offre aux rengagés n'est plus assez considérable pour pouvoir les retenir sous les drapeaux.

Si l'on veut avoir de bons employés, il faut les payer en raison du service rendu. Sous ce rapport, nous n'avons qu'à prendre pour exemple l'organisation de grandes sociétés industrielles ; par exemple, les Compagnies de chemins de fer. Ces Compagnies n'ont pas de primes à offrir, et cependant un grand nombre de sous-officiers qui quittent l'armée cherchent toujours à se placer dans leur administration.

Pour régler la question de sous-officiers au point de vue budgétaire, il faut d'abord calculer les dépenses nécessaires à la création de 4,000 employés à 100, 150 et 200 francs par mois, et, d'après cela, organiser le service.

Il est fort probable qu'en diminuant le nombre des rengagés et faisant entrer en ligne de compte les primes et la solde que touchent actuellement les adjudants, le système *de bons appointements fixes* que nous proposons deviendrait moins coûteux pour leTrésor. Ce système conviendrait incontestablement mieux aux sous-officiers.

Telles sont les propositions que nous nous permettons de faire pour régler la question de recrutement de la première catégorie des sous-officiers, c'est-à-dire des adjudants.

Quelques idées sur le recrutement des comptables.

Les fonctions des sergents-majors et des fourriers étant les fonctions purement comptables, nous n'avons rien à dire sur cette catégorie de sous-officiers, estimant que les ressources fournies par les classes du contingent sont suffisantes pour alimenter le corps d'employés de cette branche spéciale du service régimentaire. D'ailleurs, la comptabilité militaire est très facile ; généralement il ne s'agit que de la pratique d'un trimestre pour qu'un jeune homme, sachant écrire correctement et ayant un peu d'ordre, soit mis au courant de ses fonctions.

Donc il n'y a pas lieu de chercher à rengager les sous-officiers comptables.

La seule proposition à faire pour leur recrutement, c'est d'exiger que les bureaux de recrutement fassent une égale répartition des jeunes soldats comptables dans tous les régiments.

II

Développement des prescriptions réglementaires sur les devoirs du sergent.

Il s'agit maintenant de traiter la question de recrutement des sergents. C'est un problème à la fois très important et très difficile.

Nous avons dit précédemment que les sergents sont les sous-officiers exécuteurs, et que, restant sous la direction des adjudants, ils jouent un rôle secondaire. On peut ajouter, à cette assertion, qu'ils forment en même temps la pépinière des adjudants, car c'est dans leurs rangs de préférence que les chefs de corps peuvent et doivent recruter ces derniers.

Essayons tout d'abord d'analyser l'article 146 du Service intérieur, et voyons de près quelles sont les prescriptions du règlement à l'égard de ce sous-officier.

On exige de lui trois conditions qui ont une grande analogie avec celles imposées à l'adjudant. Ces conditions sont : l'intelligence et l'autorité dans le commandement, l'exactitude et la fermeté dans le service, et enfin la connaissance parfaite des fonctions de l'instructeur.

La première condition est absolument nécessaire pour assurer la direction d'une fraction constituée que le sergent a sous sa responsabilité, et qui est une section en état de paix, et une demi-section en état de guerre.

Bien que le sergent reçoive des ordres des officiers et de l'adjudant, bien que ces derniers lui expliquent ce qu'il y a à faire, il importe cependant que les ordres soient compris et que leur destinateur sache prendre l'initiative, en les exécutant en temps et au moment opportun.

Cette partie du service est excessivement délicate. Elle exige une finesse d'esprit, pour permettre d'accorder, dans toutes les circonstances prévues et imprévues, l'obéissance aux ordres reçus avec l'utilité de leur exécution. C'est à elle qu'appartient le résultat pratique et la confiance qu'un gradé doit toujours inspirer à ses subordonnés.

Le grade de sergent doit être approprié à l'esprit simple du soldat.

Cette qualité de savoir agir au moment opportun s'appelle en terme vulgaire l'intelligence. Mais il ne faut pas se méprendre. L'intelligence de n'importe quelle personne, et surtout l'intelligence d'un sous-officier, ne dépend jamais d'une bonne instruction. Elle est le résultat du sens de la logique, ayant peu d'analogie avec le sens de perception et de mémoire, qui constituent, avec le goût du travail, les qualités d'un homme instruit.

Cela ne veut pas dire que parmi les hommes instruits on ne trouve pas des sous-officiers intelligents; mais il ne faut pas non plus croire qu'en donnant le commandement de demi-sections, par exemple, à des sergents qui ont obtenu leur grade parce qu'ils ont un certificat d'étude supérieur, on obtient un résultat pratique meilleur à celui que l'on pourrait obtenir avec les sergents qui savent à peine lire et écrire.

Ici nous mettons de côté toute appréciation physiologique, et nous prenons la vie militaire sous la forme de sa simplicité la plus ordinaire.

Le premier grade de sous-officier est lié très intimement avec les soldats. Bien qu'il se distingue par un galon au bras, bien qu'il peut infliger une punition de quelques jours de consigne et qu'il doit être respecté dans toutes les circonstances, il sert aussi d'intermédiaire entre la position d'officier et celle du soldat.

Or, quelles sont donc les classes de la société qui constituent la majorité de la position du soldat?

Ce sont les classes les plus ordinaires. Elles se composent des cultivateurs, des ouvriers, des travailleurs de toutes sortes, et, en général, des hommes sans instruction qui s'expriment plus ou moins incorrectement, et qui peuvent comprendre seulement les choses pratiques, exposées le plus simplement possible.

Il faut, par conséquent, que le grade intermédiaire sorte de ces mêmes classes de la société, de manière qu'il puisse bien connaître l'esprit du soldat, qu'il lui parle son langage simple, et qu'il soit habitué lui-même aux travaux ordinaires que ses subordonnés sont appelés à faire journellement.

Si l'on confie cette position, paraissant facile au premier abord, à un sous-officier sortant d'une autre classe de la société et ayant des vues plus élevées, les soldats ne le comprendront pas du tout. Ils le considéreront toujours comme un intrus, et finalement, s'il manque d'énergie, ce qui arrive souvent aux jeunes gens bien élevés, ils riront secrètement de lui.

D'autre part, un jeune homme introduit par nécessité dans une société qui n'est pas la sienne se trouvera exposé à beaucoup de déceptions.

En somme, si un sous-officier doit être intelligent, il importe également que son intelligence soit militaire et appropriée à l'esprit des hommes qui restent sous son commandement.

Quant à l'autorité, celle-ci ne peut s'obtenir qu'à la condition que le gradé possède une grande supériorité d'esprit sur ses subordonnés, soit par la différence d'âge, soit par l'énergie de caractère, soit enfin par ses connaissances, mais connaissances militaires.

L'instruction de collège a peu d'application dans la vie de caserne.

Devoirs dans le service journalier.

La deuxième condition imposée par le règlement au grade de sergent, est l'exactitude et la fermeté dans ce service. L'exactitude est nécessaire pour assurer une bonne exécution des ordres reçus, et la fermeté pour maintenir dans la sphère déterminée la force disciplinaire, au moyen de laquelle on fait marcher, reposer et combattre cette immense machine d'hommes qu'on appelle l'armée.

Les fonctions de sergent se divisent en deux parties : celle de sergent de section et celle de sergent de semaine.

Comme chef de section, le sergent dirige les détails de l'éducation des caporaux et des soldats ; il surveille leur tenue, marque les effets neufs qui sortent du magasin d'habillement, passe souvent la revue de ces effets ainsi que de l'armement, constate les réparations à faire et en rend compte à l'officier avant leur envoi aux ateliers des maîtres ouvriers ; il rassemble les hommes pour la classe d'instruction et passe les revues des hommes avant l'arrivée des officiers, Étant séparé complètement des soldats, il a plus d'autorité sur eux que les caporaux, qui couchent et qui prennent leur repas avec les hommes de leur escouade ; il en profite pour appuyer les caporaux de son autorité et les habitue à commander avec fermeté, mais sans brusquerie.

Étant de semaine, le sergent ne peut pas s'absenter du quartier sans autorisation pendant huit jours consécutifs. Quand ce tour de service arrive, il reste particulièrement aux ordres de l'officier de semaine et de l'adjudant de semaine. C'est par son intermédiaire généralement que les ordres de détails sont communiqués aux compagnies. Il assure l'exécution des différentes parties du service qui s'attachent surtout à la police et à la discipline. Il conduit les hommes malades à la visite du docteur, et veille à ce que les caporaux et les soldats de la compagnie punis de salle de police soient enfermés dans les locaux disciplinaires ; il rassemble la compagnie pour les appels. Il doit surveiller les cuisines, faire nettoyer les escaliers, les corridors, ainsi que veiller à la propreté des chambres des hommes de la compagnie.

On voit, d'après cet exposé succinct, qu'à la caserne les devoirs du sergent peuvent être remplis par n'importe quel individu, pourvu que cet individu soit exact et ferme, c'est-à-dire qu'il ne néglige pas de faire ce qu'on lui demande, et qu'il se fasse respecter par ses inférieurs. L'éducation personnelle et privée y est complètement inutile.

Devoirs dans le service d'instructeur.

Passons maintenant à la troisième obligation du sergent, obligation la plus importante, c'est-à-dire aux fonctions d'instructeur. Nous avons cru utile de ranger également dans cette catégorie les devoirs personnels de ce sous-officier en campagne, comme chef responsable de l'unité qui reste sous son commandement.

L'instruction est de deux sortes : l'instruction en ordre serré et l'instruction en ordre dispersé. Ce n'est pas dans le service intérieur que l'on peut trouver l'esprit des prescriptions de cette nature, c'est dans le titre I du règlement sur les manœuvres de l'infanterie. Voici ce qu'il est dit dans le n° 48 de la base de l'instruction :

« Les sous-officiers doivent pouvoir enseigner l'école du soldat, l'école de compagnie sur la place d'exercice, la pratique du tir ; remplir les fonctions de guide dans les manœuvres de la compagnie et du bataillon, et pouvoir commander une section dans les différents exercices d'application.

« Il faut qu'ils soient capables d'établir un rapport succinct, et de l'accompagner autant que possible d'un petit dessin explicatif des dispositions prises dans une opération donnée. »

Cette prescription est courte, mais elle renferme plusieurs idées importantes. La première d'entre elle est l'enseignement aux jeunes soldats des premiers éléments qui constituent le service militaire, et qui se composent des principes du pas, du maniement d'armes, de l'alignement, de la charge et des principes du tir. Bien que toutes ces questions soient parfaitement déterminées dans la théorie, il faut cependant que l'instructeur sache les expliquer et qu'il ait une méthode et une pratique suffisante pour pouvoir obtenir un bon et prompt résultat.

A cet effet, il doit commander avec fermeté, expliquer et faire lui-même chaque mouvement, et enfin rectifier souvent, mais sans brusquerie, les fautes que les hommes peuvent commettre. Les principes employés à l'école du soldat ont une grande influence sur la discipline de la troupe.

C'est d'après les premiers principes, d'après l'immobilité sous les armes et la régularité dans les mouvements de maniement d'armes, que l'on peut juger qu'un bataillon ou une compagnie est bien discipliné.

Par conséquent, il importe, dans l'intérêt de l'armée, que cette instruction primaire soit faite avec beaucoup d'ordre et de méthode, et que les instructeurs connaissent à fond leurs fonctions théoriques et pratiques.

Si l'enseignement est fait d'une manière imparfaite, et si l'esprit jeune d'une recrue s'habitue à se négliger dès le début de sa carrière, les défauts acquis prendront des proportions tellement grandes avec les années de service, qu'il deviendra impossible de les déraciner plus tard.

En dehors de ces devoirs, le plus important de l'instruction à rangs serrés, le sergent doit connaître personnellement le rôle de guide et pouvoir commander une section. Mais ces connaissances, bien que nécessaires, présentent moins de difficultés.

Dans le service en ordre dispersé, ce sous-officier doit savoir enseigner les principes de la connaissance du terrain, qui est la base fondamentale de l'instruction individuelle de l'école de tirailleurs. Il doit apprendre à l'homme la manière d'utiliser les obstacles naturels du terrain, éveiller dans son esprit, généralement indifférent, les sentiments d'une observation calme, et l'habituer à savoir prendre l'initiative dans toutes les circonstances qui peuvent se présenter.

Dans l'application de l'instruction pratique sur le service en campagne, il doit savoir déterminer avec précision le service d'une sentinelle double, la marche d'une patrouille rampante, le fonctionnement de chacun des sept hommes qui forment l'extrême-pointe d'une compagnie en marche, et autres prescriptions simples que le soldat doit connaître. Ces détails sont insignifiants, mais ils sont utiles. C'est d'après la précision avec laquelle on les exécute en pratique qu'on doit juger la valeur militaire d'une troupe.

Ici il y a lieu d'avouer franchement qu'il y a peu de régiments où on insiste sur leur application, et que presque tous nos sous-officiers pèchent par l'incompétence, plus ou moins accentuée, précisément dans cette dernière partie du service.

En dernier lieu, le sergent doit posséder quelques notions de topographie pour pouvoir établir un croquis ou pour lire une carte ; il doit savoir rédiger un rapport, et, à cet effet, un peu de français lui serait également utile.

Voici à peu près les connaissances que le règlement exige d'un soldat d'infanterie :

Deux méthodes de formation des cadres.
Leur résultat.

L'intelligence, la fermeté et le talent de l'enseignement sont le plus souvent les dons de la nature, mais on peut également apprendre à être serviteur. Pour arriver à ce dernier résultat, on peut admettre deux méthodes : l'ancienneté de service d'abord, c'est-à-dire la routine du métier, et l'instruction militaire personnelle.

La première méthode avait été en vigueur jusqu'à présent, mais son procédé long et pénible devient inapplicable depuis l'inauguration du service obligatoire ; il devient absolument impossible si le service de trois ans est définitivement adopté.

La seconde méthode est l'objet de notre étude.

Les anciens sergents, tels que nous les avons vus pendant la guerre ou aussitôt après la guerre, anciens sergents formés par de nombreuses années de service, et les jeunes peu formés, possèdent les défauts et les avantages qui peuvent se contrebalancer.

Parmi les avantages des premiers, nous pouvons citer une grande autorité sur les hommes, une énergie militaire, une expérience parfaite dans l'enseignement des mouvements à rangs serrés et une propreté irréprochable dans leur tenue personnelle et dans celle de leurs subordonnés.

Parmi les défauts nous avons remarqué l'intempérance, la tendance aux habitudes régimentaires, qui, tout en formant l'esprit, rendaient les corps peut-être peu maniables ; inaptitude dans le combat moderne et surtout dans l'ordre dispersé, où un ancien sergent se trouvait toujours désorienté, et enfin, dans certains cas seulement, soit la négligence au service, soit l'inintelligence, soit enfin la difficulté de faire les marches longues et rapides.

Ce dernier défaut provenait le plus souvent de la fatigue et de l'âge avancé. Il rendait le service d'un vieux sergent approprié plutôt à la vie sédentaire qu'à la vie de campagne.

Les jeunes sous-officiers sont moins expérimentés ; ils ont moins d'autorité sur leurs hommes, avec lesquels ils restent en termes plus familiers ; ils ne sont pas assez fermes dans le service et ne s'occupent pas assez de la propreté de la tenue. Cependant ils sont animés du feu sacré de la jeunesse, avec lequel on peut faire tout ce que l'on veut.

Une troupe commandée par des cadres jeunes est certainement moins solide au combat que celle commandée par des cadres éprouvés. Par exemple, elle est susceptible de se jeter plus facilement à plat-ventre quand un obus lui a passé au-dessus de la tête, ou de lâcher pied en cas de défaite ; mais, en même temps, elle est plus souple au commandement et plus leste dans les mouvements qu'exige la tactique moderne. L'esprit de cette troupe se prête incontestablement mieux à l'offensive, tandis que la première est appropriée à la défensive.

Moyens de relever l'autorité des sergents.

Si l'on réfléchit mûrement et si on tient compte des modifications introduites dans la tactique, qui, en supprimant le choc des masses à la baïonnette, tend à supprimer en même temps l'utilité d'une grande discipline, il nous semble qu'il y a peu de chose à faire pour rendre les cadres jeunes des sous-officiers aussi bons, sinon meilleurs, que les cadres anciens.

A notre avis, ce résultat pourrait s'obtenir facilement en faisant deux choses, savoir :

1° En relevant l'autorité des sergents;

2° En leur donnant une bonne et méthodique instruction militaire.

Pour relever l'autorité des sous-officiers, on a déjà fait beaucoup de propositions, sur lesquelles nous ne croyons pas nécessaire de revenir. Nous voulons seulement ajouter une seule idée à celles qui ont été émises jusqu'à présent. Nous demandons qu'un jeune homme, au moment de sa nomination au grade de sergent, soit séparé des caporaux et soldats faisant partie du contingent de la classe à laquelle il appartient. Ceci veut dire qu'il faut le nommer dans un autre régiment. Les raisons qui nous obligent à demander l'application de cette idée sont les suivantes :

Quand une classe du contingent arrive au corps, on ne connaît pas les aptitudes spéciales du débutant, on les connaît d'abord sous le nom général de jeunes soldats. Les jeunes soldats couchent et mangent ensemble; ils commencent à se connaître et à se lier entre eux par une amitié qui devient d'autant plus sincère que les hommes sortent souvent du même département, du même canton ou du même village. Ils se plaignent entre eux de l'inconvénient de la vie militaire, vie qu'ils commencent d'abord à détester; ils se font des projets d'avenir après la libération de la classe, et enfin ils se tutoient tous sans exception.

Plus tard, l'égalité de ces jeunes soldats disparaît. Les uns sont nommés caporaux, les autres sergents, les autres enfin peuvent aller plus loin, mais l'amitié qu'ils ont contractée au début reste toujours plus ou moins intacte. Il arrive, par conséquent, par suite de cette première liaison, que les soldats et les gradés conservent des relations familières pendant toute la durée de leur service, et que les premiers, ne craignant pas leur supérieur, peuvent commettre des fautes contraires à la discipline, et les seconds peuvent tolérer ces fautes, à titre d'ancienne camaraderie. De là provient la négligence, la mollesse, et, en dernier lieu, l'affaiblissement des liens disciplinaires de l'armée, dont dépend la sécurité du pays.

Cependant, ces inconvénients pourraient disparaître complètement le jour on il serait possible de faire prendre à un sergent le commandement d'une section comme un gradé, et non pas comme un ami de ses subordonnés. A cet effet, il est absolument nécessaire qu'il soit présenté à ses hommes comme un étranger au corps.

L'âge impose le respect naturellement. En dehors de cette qualité particulière des anciens sous-officiers, qualité difficile de faire accorder avec les lois actuelles sur le service militaire, l'autorité de ces derniers provenait aussi de ce qu'ils n'avaient pas d'amis intimes parmi les soldats. Les soldats en arrivant au corps voyaient un tel ou tel sergent toujours avec les galons au bras et ne connaissaient pas les antécédents de ce sergent, prenaient l'habitude de le respecter dès le début.

Aujourd'hui ce respect n'existe plus, car les gradés grandissent devant les yeux de leurs subordonnés.

Par conséquent, nous proposons le passage d'un sous-officier d'un corps à un autre au moment de sa nomination.

Indépendamment de cette innovation, qui ne peut jamais amener l'affaiblissement de l'esprit de corps et des traditions régimentaires chez les jeunes gens, qui sont à peine en voie de formation en ce moment, il nous faut proposer également le perfectionnement de la méthode de leur instruction individuelle.

Ceci ne peut guère s'obtenir autrement qu'au moyen d'écoles de sergents.

Avantages du peloton d'instruction.

Ici, nous sommes heureux de constater que ce procédé de l'instruction par les écoles a pris une extension considérable depuis quelques années, et qu'un progrès remarquable est déjà réalisé. Il est certain qu'en suivant cette voie, on parviendra à résoudre plusieurs questions législatives qu'il était impossible d'aborder auparavant.

Parmi les réformes s'accordant le mieux avec le sujet de notre étude, nous pouvons citer la création de l'école dite des sous-officiers d'infanterie et la formation du peloton d'instruction par régiment.

Cette dernière institution a pour objet de préparer le cadre des caporaux. Elle remplace le vieux procédé plein de vices, en vertu duquel l'instruction des élèves-caporaux était confiée à un sergent par bataillon qui se bornait à leur faire réciter littéralement la théorie une ou deux fois par semaine, et de leur faire faire quelques exercices à son choix. Avec cette méthode primitive la nomination au grade de caporal se faisait souvent sans examen, et il était possible de constater également des irrégularités assez nombreuses.

Le peloton d'instruction, dont la direction est confiée à un capitaine, un lieutenant et un cadre de choix, supprime, en principe, les abus, son programme d'étude est plus développé et les élèves sont nommés au grade de caporal d'après un classement qui, tout en réglant l'opinion des officiers de compagnie, les fait sortir de l'obscurité dès le début et dégage les premiers pas de leur carrière.

Enfin le peloton, en centralisant l'instruction des caporaux, donne en même temps certaine uniformité à l'instruction régimentaire (¹).

Néanmoins, il nous semble que le résultat serait encore meilleur si l'on voulait déterminer davantage dans un programme rédigé par séance, ce qu'un officier commandant le peloton doit enseigner. Nous voudrions bien voir paraître un cours pour les élèves-caporaux analogue à celui du cours facultatif.

Une lacune.

Indépendamment de cette proposition, qui a pour but d'éviter des infractions au règlement qui peuvent se produire dans les régiments, il semble être nécessaire également de recueillir et de perfec-

---

(¹) Bien que nous soyons partisans de la théorie donnant la plus grande initiative au capitaine, nous préférerions cependant voir les cadres dressés par les instructeurs spéciaux. Il serait difficile de ne pas tomber dans la divergence de vues et de ne pas porter atteinte à la discipline en donnant trop de liberté à la Compagnie.

tionner davantage l'enseignement militaire primaire.

A cet effet, il y a lieu de constater une lacune qui existe dans l'ensemble de l'instruction des cadres.

Ainsi, nous avons le Peloton d'instruction pour former les caporaux, l'École spéciale militaire et l'École des sous-officiers d'infanterie pour former les officiers subalternes, l'École supérieure de guerre pour former les officiers supérieurs, mais nous n'avons rien pour former les sous-officiers proprement dits.

Pour combler cette lacune nous proposons ce qui suit :

PROJET DE LOI SUR LES ÉCOLES DE SOUS-OFFICIERS

Art. Ier.

Il sera créé huit écoles de sergents qui porteront le nom : École d'instructeurs.

Ces écoles auront pour but de raffermir et de développer l'instruction régimentaire des caporaux, ainsi que d'enseigner les connaissances qui leur sont nécessaires en campagne.

Art. 3.

Le cours de l'École d'instructeurs commence le 1er janvier et le 1er Juillet de chaque année. Ce cours durera 6 mois et son programme sera déterminé par M. le Ministre de la guerre.

Art. 4.

Chaque école contiendra de 250 à 500 élèves et formera un bataillon régulier commandé par un cadre déterminé. Les bataillons seront numérotés de 1 à 8 et établis de préférence dans les camps d'instruction. Un bataillon recevra pour les instruire, les caporaux de 2 ou 3 régions des corps d'armée les plus rapprochés.

Art. 5.

Dans aucun cas le nombre des caporaux détachés aux écoles d'instructeurs ne peut dépasser le sixième de l'effectif régimentaire des caporaux, soit 2 ou 3 gradés par compagnie. Les caporaux détachés ne sont pas remplacés dans leur grade. (¹)

Art. 6.

Les caporaux sont nommés sergents immédiatement à leur sortie de l'École. Ils ne peuvent jamais retourner comme sous-officiers dans leur ancien régiment.

Art. 7.

Les caporaux qui ne passent pas par l'école d'instructeurs sont nommés au grade de sergent d'après le procédé en vigueur et dans les corps dont ils font partie.

(¹) Au besoin, les caporaux détachés aux écoles peuvent être remplacés dans les compagnies par d'autres nominations. Cette disposition exige l'accroissement des dépenses budgétaires, tandis que la première entraîne des charges très légères; mais elle réduit le nombre des gradés dans les compagnies.

Art. 8.

Les jeunes soldats qui avant leur incorporation se préparaient aux carrières libérales, pourront être autorisés à rentrer dans leurs foyers s'ils ont suivi avec fruit le cours du peloton d'instruction et de l'école d'instructeurs et s'ils ont accompli un stage de 3 mois dans le grade de sergent après leur sortie des écoles ([1]).

Application du système d'écoles à la loi sur le service de trois ans.

Ce système de formation des sous-officiers au moyen des écoles peut être bien appliqué à la loi sur le service de trois ans. Il permet de remplacer successivement les vacances qui se produisent dans les régiments, et d'utiliser sans perdre de temps et sans à-coups toutes les ressources du contingent. Les instructeurs formés par les écoles auraient incontestablement l'avantage sur ceux formés par d'autres procédés.

En admettant la réduction du service et en faisant l'appel des jeunes soldats au 1er janvier, il semble qu'un contingent ne pourrait fournir plus de 3 séries de sous-officiers sortant du peloton d'instruction et de l'école des instructeurs. La 1re série aurait 3 mois de grade de soldat, 9 mois de grade de caporal, dont 5 à l'école, et 2 ans de grade de sous-officier. La deuxième série aurait 6 mois de grade de soldat,

[1] Cet article a pour but de supprimer le volontariat d'un an, système allemand plein de vices qui est inadmissible dans nos institutions. Cependant si l'on admet l'application de cet article il faut également maintenir la prime de 1,500 francs à titre des frais d'instruction.

un an de grade de caporal ; dont 6 mois à l'école,
et 18 mois de grade de sous-officier. Enfin la 3ᵉ série
pourrait avoir 2 ans de grade de caporal ou soldat
et un an de grade de sous-officier.

La durée du cours de chacune des deux écoles par
lesquelles nous voulons faire passer nos sous-officiers est de six mois; mais pour rendre ce système
d'instruction le plus pratique possible il reste à dé-
sirer que le cours du peloton d'instruction soit
réduit à 3 mois seulement pour les meilleurs élèves.
Cette dispostion a pour but de permettre aux caporaux de la 1ʳᵉ série du contingent qui doivent entrer
à l'école d'instructeurs au 1ᵉʳ juillet, de faire un
petit stage de leur grade et de s'habituer au commandement des hommes de leur escouade. Pendant
la durée du stage le cadre du peloton pourrait être
chargé de perfectionner seulement l'instruction
théorique des élèves nouvellement nommés (¹).

Quant aux connaissances qu'il y a lieu d'exiger
des sergents sortant des écoles, nous ne demandons
que ce qui est prescrit par le numéro 48 de la base
d'instruction ; mais il faut que l'enseignement soit
donné aux écoles avec la précision la plus rigoureuse possible. Pour cela les cadres doivent être
choisis.

L'institution d'écoles d'instructeurs est une des
réformes les plus urgentes, car elle peut tran-
cher définitivement la question de la formation des
sous-officiers, dont dépend la promulgation de plusieurs lois à l'ordre du jour. Le système présenté
est expéditif et donne des résultats immédiats.

Ajoutons qu'il serait préférable peut-être d'ajour-

(¹) Nous proposons que les jeunes gens appartenant aux Sociétés de tir et de gymnastique qui ont obtenu le brevet d'enseignement militaire avant leur incorporation, soient compris de
droit dans cette 1ʳᵉ catégorie d'élèves du Peloton d'instruction.

ner l'exécution du décret sur les écoles des enfants de troupe, qui en présence de l'instruction obligatoire pour tous les citoyens français devient un projet arriéré, et former, à titre d'essai, avec les crédits accordés, quatre écoles d'instruction d'infanterie, une école d'instruction de cavalerie et une école d'instruction de l'artillerie. Quant aux enfants de troupe, il vaut mieux leur donner une instruction régulière, en les envoyant au collège avec des bourses spéciales, accordées à titre des services rendus par leurs parents.

CONCLUSION

En résumé, les propositions contenues dans notre travail ont pour but :

1° De faire instruire les sergents ;

2° De faire choisir les meilleurs d'entre eux pour les rengager et les nommer odjudauts avec un traitement convenable ;

3° De laisser les comptables dans l'état actuel.

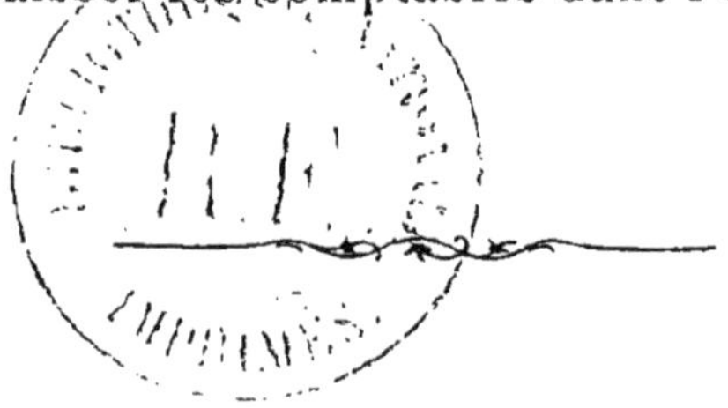

Péronne. — Imp. Lud. CRÉTY, 24, Grande Place.

9 782019 623210